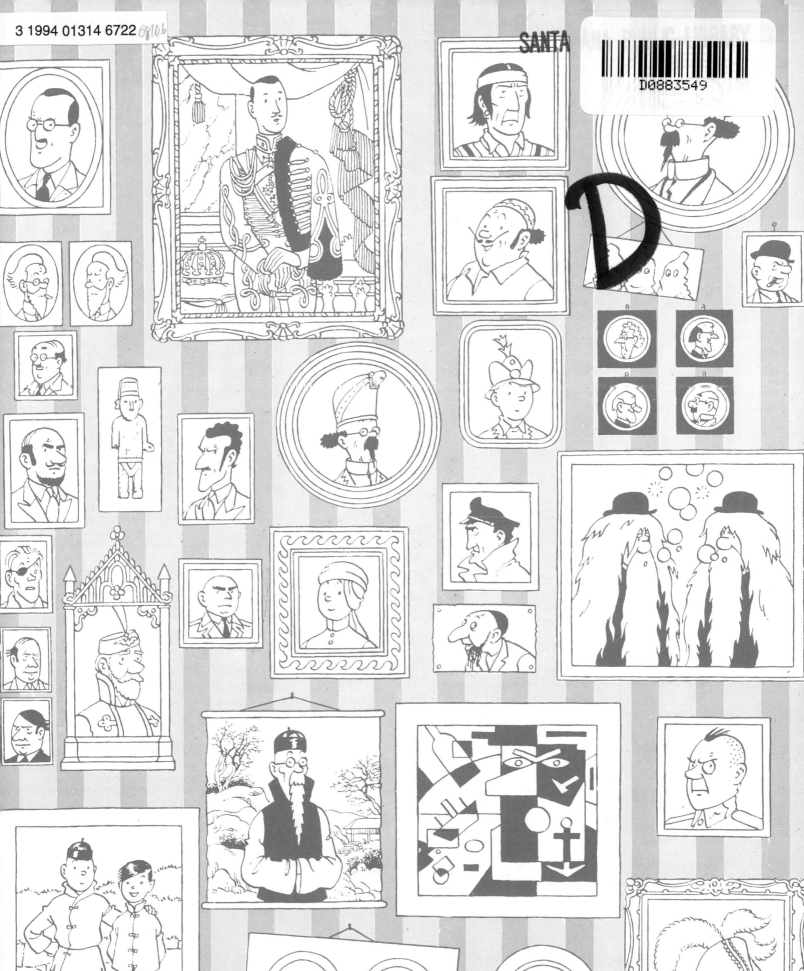

Las aventuras de TINTÍN Y MILÚ
están editadas en los idiomas siguientes:

Afrikaans:	HUMAN & ROUSSEAU	Ciudad del Cabo
Alemán:	CARLSEN	Reinbek-Hamburgo
Árabe:	DAR AL-MAAREF	El Cairo
Asturiano:	JUVENTUD	Barcelona
Bengalí:	ANANDA	Calcuta
Bernés:	EMMENTALER DRUCK	Langnau
Brasileño:	DISTRIBUIDORA RECORD LTDA.	Río de Janeiro
Bretón:	AN HERE	Quimper
Castellano:	JUVENTUD	Barcelona
Catalán:	JUVENTUD	Barcelona
Coreano:	UNIVERSAL PUBLICATIONS	Seúl
Chino:	EPOCH PUBLICITY AGENCY	Taipeh
Danés:	CARLSEN/IF	Copenhague
Esperanto:	ESPERANTIX	París
	CASTERMAN	París-Tournai
Feroiano:	DROPIN	Thorshavn
Finlandés:	OTAVA	Helsinki
Francés:	CASTERMAN	París-Tournai
Galés:	GWASG & DREF WEN	Cardiff
Gallego:	JUVENTUD	Barcelona
Griego:	ANGLO HELLENIC	Atenas
Holandés:	CASTERMAN	Tournai-Dronten
Húngaro:	IDEGENFORGALMI PROPAGANDA	
	ES KIADO VALLALAT	Budapest
Indonesio:	INDIRA	Yakarta
Inglés:	METHUEN & Co.	Londres
Inglés americano:	ATLANTIC. LITTLE BROWN	Boston
Islandés:	FJÖLVI	Reykiavik
Italiano:	COMIC ART	Roma
Japonés:	FUKUINKAN SHOTEN	Tokio
Latín:	ELI/CASTERMAN	Recanati/Tournai
Luxemburgués:	IMPRIMERIE ST. PAUL	Luxemburgo
Malayo:	SHARIKAT UNITED	Pulo Pinang
Noruego:	SEMIC	Oslo
Occitano:	CASTERMAN	París-Tournai
Persa:	UNIVERSAL EDITIONS	Teherán
Picardo turnaisense:	CASTERMAN	Tournai
Portugués:	VERBO	Lisboa
Romanche:	LIGIA ROMONTSCHA	Coira
Serbo-croata:	NIRO	Belgrado
Sueco:	CARLSEN/IF	Estocolmo
Vascuence:	ELKAR	San Sebastián

Décimo octava edición, 2005

Artwork copyright © 1973 by Casterman, París-Tournai
© de la traducción española:
1974, Editorial Juventud
Provença, 101 - 08028 Barcelona
Traducción del francés de Concepción Zendrera
www.editorialjuventud.es
Depósito legal B. 29.826-2005
ISBN 84-261-5666-5 (cartoné)
ISBN 84-261-1390-7 (rústica)
Número de edición de E.J.:10.596
Impreso en España - Printed in Spain
Ediprint , c/ Llobregat, 36 - 08291 Ripollet (Barcelona)

- HERGÉ -

TINTIN
Y
EL LAGO
DE LOS
TIBURONES

Basada en la película de dibujos animados
de Raymond Leblanc,
realizada por Belvisión
(Pelayo de Oro al mejor largometraje en el
XI Certamen del Cine Infantil de Gijón)

Guión de Greg
Adaptación de los dibujos y de los diálogos del filme:
Estudios Hergé

EDITORIAL JUVENTUD

El asfalto mojado refleja la luz de los faroles. Todo es calma y quietud en la ciudad dormida... o así lo parece. Un coche sale de una calle para desembocar en la plaza...

...y se para ante el Museo Oceanográfico. Dos hombres se apean del coche...

...y se deslizan hacia una calle lateral del Museo.

¿Todo irá bien, Jo?

Me lo sé de memoria, Harry. Un agujero en el cristal, meto la mano y asunto concluido.

¡Ya estamos dentro!

Es por ahí.

La perla más grande del mundo. ¡Es fantástico!

Uno de los ladrones rompe la cerradura de la vitrina y se apodera de la maravillosa joya. Pero de pronto...

¡Una luz! ¡Es la ronda! ¡Venga, escondámonos!

?!... ¡La perla! ¡Ha desaparecido!

¡AL LADRON!

Al día siguiente, en Sildavia, en el aeropuerto de Klow, un "B 714" acaba de aterrizar...

Entre los pasajeros figuran nuestros amigos Tintín, Haddock y Milú.

¡Vaya, capitán! ¡Ya desembarcamos!

Pero los aduaneros examinan minuciosamente la bolsa de los palos de golf del capitán.

Golf... ¿Me entiende? Club de golf...· Contrabando, nada... Pe... pe... lota... y al agujero... ¿Entiende?

Perfectamente, señor. Ya puede usted pasar. Bienvenido a Sildavia.

¡Mira que ocurrírseles hurgar en una bolsa de palos de golf!... ¡Mil rayos!

¡Oh! ¡Dispense!

?!... ¡Hernández y Fernández! Pero ¿qué se les ha perdido a éstos en Sildavia?

No me digan que también van a pasar unas vacaciones en casa del profesor Tornasol, a orillas del lago Flechizaff...

No, no, nada de vacaciones. Al contrario. Misión confidencial.

Yo diría todavía más: en mosca cerrada no entran bocas.

Los señores Tintín, Milú, Haddock y pasajeros con reserva en un avión-taxi particular, tengan la bondad de pasar por el despacho número veinte.

Pues bien, les ofrecemos llevarles allá.

¿Señor Tintín? Su piloto le espera.

Gracias.

¡Rayos y truenos!

¿Viene, capitán?

Espera un momento.

Y poco después nuestros amigos vuelan por encima de las abruptas montañas de Sildavia.

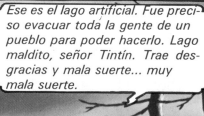

Tienen un amigo que vive en la orilla del lago Flechizaff? ¡Vaya una idea!

Ese es el lago artificial. Fue preciso evacuar toda la gente de un pueblo para poder hacerlo. Lago maldito, señor Tintín. Trae desgracias y mala suerte... muy mala suerte.

¡Eh!... ¿Qué es lo que ocurre?

RTTT
RTTT

Y después de unos cuantos fallos, uno de los motores del avión se para del todo.

Avería total. ¡Motor kaputt!... ¡Salten!

Y ante nuestros amigos, pasmados, el piloto, provisto de un paracaídas, se precipita en el vacío.

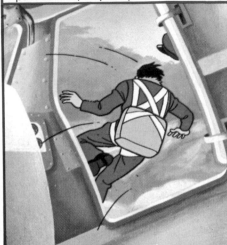

Tintín no pierde su sangre fría. De un salto, se planta ante los mandos...

Pero ¿está loco? ¡Saltar! ¡Si nosotros no tenemos paracaídas! ¡Eh! ¡Vuelva usted para acá!

Tintín trata desesperadamente de enderezar el avión. Se libra por un pelo de chocar contra la cumbre de una montaña, consiguiendo pasar entre dos picos gigantescos.

Intentaré posar este cacharro en ese claro del bosque. ¡Ea, ya ha salido el tren de aterrizaje!... ¡Cuidado! ¡Agárrense bien!

Las ruedas tocan con violencia el suelo rocoso. El avión, con un ala arrancada, continúa su loca carrera en medio de un ruido espantoso...

... resbala hacia un precipicio... y se para al borde mismo del abismo.

¡GUAU! GUAU!

¡Ay! ¡El avión se balancea! ¡Ahora sí que estamos listos!

De pronto, dos cuerdas lanzadas con habilidad sujetan el aparato...

Por suerte para nuestros amigos, una carreta tirada por un borrico y conducida por dos niños pasaba por allí. Son ellos quienes lanzaron las cuerdas.

¡Tira, Sultán!

¡Por San Wladimiro! ¡Arden los motores! ¡Salid en seguida!

Tintín, Milú y Haddock han saltado del aparato. Les toca ahora salir a Hernández y Fernández, pero parece que no se han dado cuenta del peligro que les amenaza...

Primero tú, querido amigo.

De ninguna manera, tú primero.

De pronto...

El avión cae hacia delante. Pero los policías son lanzados fuera.

¡AAAY!

El aparato se estrella en el fondo del barranco y estalla. Los trozos vuelan en todas direcciones...

¡Menos mal que estabais ahí, amigos! Yo me llamo Tintín. Este es el capitán Haddock y aquí están los señores Hernández y Fernández. Este es Milú.

Yo me llamo Niko y ésta es mi hermana Nuchka.

Sin vosotros, jamás hubiéramos vuelto a ver a nuestro amigo Tornasol, que vive en "Villa Sprok", a la orilla del lago.

¡"Villa Sprok"! ¡No vayas allí, ese lago está maldito!

A pesar de la advertencia de los niños, nuestros amigos suben al carro y se dirigen hacia "Villa Sprok". Ni se les ocurre pensar que el piloto del avión-taxi les está observando desde lo alto de un acantilado.

Voltor 4 llama a Neptuno. Operación "Lata de Sardinas", fracasada. Los clientes se encaminan a la cita número dos...

Después de haber atravesado la campiña, nuestros amigos llegan a "Villa Sprok", situada a la orilla del lago...

¡Ah! ¡Por fin han llegado! Amigos míos, ya empezaba a estar preocupado.

Mi querido Silvestre. Estoy contento de verle, ¡mil rayos!

Gracias por habernos traído hasta aquí. ¿Nos veremos mañana?

El capitán, sediento, se precipita hacia el bar...

Después de tantas emociones, un buen whisky es lo que necesito.

¡AY!

¡Mil·millones de rayos y truenos!... ¿Un espejismo aquí, dentro de una casa?

Ese bar no es más que una imagen en tres dimensiones. Estoy probando este aparato... Se lo explicaré durante la comida. Mi cocinera, la señora Vlek, nos ha preparado un "sedlazek" muy sabroso. Vamos a la mesa.

Entonces, profesor, ¿qué significan esos objetos fantasma? Nada de eso... Son simples diapositivas... Lo que yo quisiera es obtener una especie de fotocopias en relieve...

Pero es un secreto, porque hay mucha codicia peligrosa.

¡A causa de los falsificadores!

¡Ah!...

¿Falsificadores?...

Los robos de objetos de arte se multiplican en todo el mundo... Los ladrones los sustituyen por piezas falsificadas.

Al principio no se trataba más que de burdas copias...

Pero desde hace unos seis meses se necesita ser un experto para distinguir lo verdadero de lo falso.

Bien, profesor, ¡ojalá que estas vacaciones sean tranquilas a pesar de todo!

¡Eso es! Deben de estar muy cansados... La señora Vlek les acompañará a sus habitaciones.

Los policías y el capitán se duermen en seguida. Tintín no acaba de conciliar el sueño.
Está preocupado.

¡Bah! Creo que lo mejor será no preocuparse de nada. ¡Buenas noches, Milú! Vamos a dormir.

Ahora está todo en calma...

Pero de pronto...

CRⅢ-CRⅢ
CRⅢ-CRⅢ

¡Eh! ¿Qué es eso?... Pájaros nocturnos, seguramente.

¡Buen pajarraco el que está dando vueltas a la manivela del pozo! ¡Pero... pero si es la señora Vlek!

CRⅢ-CRⅢ
CRⅢ-CRⅢ

Cada vez resulta más extraño: en el cubo que sale del pozo había oculto un ''walkie-talkie''...

¡Oiga!... Agente Ramsés llamando al Gran Tiburón...

¿Oiga? ¿Gran Tiburón? Los extranjeros han llegado a pesar de todo...

Ya estoy al corriente, Ramsés. A partir de mañana pondremos en marcha la operación "Cangrejo". Haga lo convenido. ¡Corto!

Y la señora Vlek vuelve a la casa...

Al día siguiente, como quedó convenido, Niko y Nuchka vienen a buscar a Tintín para dar un paseo.

¡Buenos días, chicos!

¿Nos vamos, Tintín?

Esto está desierto...

¡Ah, sí! Nadie viene por aquí.

Charlando alegremente, Tintín y los niños toman un sendero que conduce a lo alto del acantilado. Milú y Sultán, por su lado, bajan hacia la orilla del lago.

Mientras tanto, en "Villa Sprok", en el laboratorio del profesor Tornasol...

¡Qué raro! Juraría que anoche dejé mis apuntes encima de este mueble... ¿No los ha visto usted, capitán?

¿Unos apuntes?... ¡No!

Pero en una habitación de la planta baja...

¡Je, je!... Ese bendito Tornasol es un distraído que abandona sus papeles en cualquier parte... Dejemos aquí la botella con los documentos, y el "Cangrejo" hará lo demás.

En cuanto la señora Vlek ha vuelto la espalda, la botella desaparece como por arte de magia...

... para reaparecer en manos de un hombre-rana que sale del famoso pozo...

¡Ya está!... ¡La jugada está hecha!

Pero de pronto...

¡GUAU! ¡GUAU!

¡Maldición! ¡Me han visto!

¡Rayos y truenos! ¿Qué ocurre allá abajo?

El misterioso personaje se vuelve hacia unos hombres-rana...

¿Los habéis visto? Ese del mechón se llama Tintín. Es el más peligroso. Así que, ejecución del plan "Cangrejo". Emplead el nuevo gas hilarante.

Mientras tanto, Tintín, Niko y Nuchka han regresado a "Villa Sprok". El capitán explica a Tintín lo ocurrido.

El trozo de aleta que Milú arrancó... los papeles desaparecidos... Creo que empiezo a ver un poco más claro.

Gracias a este pedazo de goma, los perros quizá podrán encontrar la pista del hombre-rana.

Tintín sigue a Milú, dejando la casa al cuidado y vigilancia de Hernández y Fernández. Por su lado, el capitán se lanza detrás de Sultán, que parece que está olfateando también una pista. Pero es Milú quien descubre, hundido en el suelo, un anillo metálico. Intrigado, Tintín tira de él. Una pared de roca se mueve lentamente y deja ver la entrada de una gruta.

¡Vaya! Un pasadizo secreto! ¡Y una escalera! ¡Bueno, vamos a ver!...

Pero el tiempo justo de bajar unos peldaños y...

¡Oh! ¡La puerta se ha cerrado! Milú ha salido por los pelos. Continuemos. No hay otra solución.

PAM

Al final de la escalera le espera a nuestro amigo un espectáculo sorprendente...

¡¡Obras de arte!! Entonces, lo que contaban Hernández y Fernández... ¿Todos estos objetos robados en los museos?...

La policía sildava decidirá... De momento, lo que interesa es encontrar una salida...

¿Qué es ese resplandor? Apuesto a que esta gruta se comunica con el lago.

Jugándose el todo por el todo, Tintín se sumerge y atraviesa el sifón.

¡Una reja! ¡He caído en una trampa!

11

Tintín sacude desespera-
damente la red metálica.
Por suerte, Milú ha visto
como subían a la superfi-
cie unas burbujas de
aire y acude en ayuda
de su amo...

Consigue arrancar
el obstáculo.

¡Bravo, Milú! Te has gana-
do un buen premio.

Mientras tanto, en ''Villa Sprok''...

¡Qué apara-
to más
extraño,
profesor!

No, no se trata de estaño. Es
una pasta especial que yo coloco aquí, y al otro lado los
sombreros de Hernández y
Fernández...

No hay más que empalmar
la corriente... ¡Hop!

Y aquí tenéis la copia exacta
de esos sombreros. Pueden
probárselos, señores...

Pero... pero si se derriten...

¡Yo aún diría más!...
¡Se derriten!

Sí, desgraciadamente todavía no he encontrado el
sistema de estabilizar las
reproducciones, pero...

... es cosa de
pocos días.

B
A
N
G

El gas hilarante ya hace efecto.
Apoderémonos de los dos niños
y huyamos.

¡Ja! ¡Ja!

¡Ja! ¡Ja!

¡Ja!
¡Ja!

En aquel preciso ins-
tante, Tintín se acerca
a la villa...

¿Qué es eso? ¡Están
atacando la casa!

¡Han raptado a Niko y a Nuchka!... ¡Adelante, Milú!

¡Ju, ju!

¡Ji, ji, ji!

¡Ya está aquí, capitán! Creo que llegaremos tarde.

¡Es verdad, rayos y truenos! Su lancha ya está lejos.

Buenos días, querido Tintín. A vuestros jóvenes protegidos nada les ocurrirá si me obedecéis al pie de la letra...

Es un mensaje grabado de los raptores.

Sé que el aparato del profesor Tornasol está casi a punto.

Quiero ese aparato, Tintín. Y eres tú quien ha de entregármelo.

¡Ji! ¡Ji! ¡Jo! ¡Ja! ¡Ja!

Pasado mañana, a mediodía, en la playa sur... Ven solo y sin armas, y no alertéis a la policía.

¡El pirata!

Esta voz ya la he oído alguna vez.

¡Ji! ¡Ji! ¡Jo!

El asunto es muy grave. Estoy seguro de que se nos vigila. Registremos la casa de arriba abajo. Ha de haber un pasadizo secreto en alguna parte.

Todos se ponen a buscar nerviosamente...

¡GUAU! ¡GUAU!

Este reloj... ¿Sospechas algo, Milú?

Quizás este botón... ¡Oh!

¡Mire, capitán! Seguro que los raptores entraron por aquí.

¡Quédese aquí! Yo voy a ver...

¡Bien! ¡Pero cuidado!, ¿eh?

Entre tanto, en el monte, dos individuos vigilan atentamente ''Villa Sprok''.

Pronto va a ser hora de conectar con el agente Ramsés.

Los visitantes se vuelven demasiado curiosos. Debo advertirlo al Gran Tiburón.

En el mismo instante...

Una puerta... ¿Adónde conducirá?

¡Anda! ¡El fondo del pozo!... ¡Y ahí, en ese cubo, el radioemisor!

Me intriga la rara actitud de esa señora Vlek.

¡OOOH!

Las espías han cambiado mucho desde los tiempos de Mata-Hari, ¿verdad, señora Vlek?... ¡Vuelva a casa!

... Imposible entrar en contacto con Ramsés... ¿Qué pasará?

¿La señora Vlek una espía? No me cabe en la cabeza.

¡Venga, el nombre del jefe! Nos lo vais a dar por las buenas, si no...

Es inútil, capitán. La señora Vlek no debe de saber su nombre... No nos queda más que un recurso...

Hay que avisar a la policía... Pero, ¿cómo salir de la casa sin que los bandidos se den cuenta? Tengo una idea.

Y mientras Tintín expone su plan, los raptores de Niko y de Nuchka los llevan ante el "Gran Tiburón".

No le toquéis ni un cabello a mi hermana, si no...!

¡Oh! ¡Parece que estoy oyendo al mismo Tintín! ¡Venga, fuera, a la nevera!

Los hombres-rana conducen a los dos niños a un subterráneo siniestro y les encierran bajo llave.

Snif... Nadie... snif... nos encontrará... snif... nunca... aquí.

No llores, Nuchka. Estoy seguro de que Tintín lo conseguirá.

Desde la sala de mandos, el jefe de la banda transmite sus órdenes a su acólitos.

Aquí, Gran Tiburón... ¡Reforzad la vigilancia!

¡Cortad todas las comunicaciones!

¡Vaya! Ya tenemos trabajo. Hay que cortar las líneas telefónicas.

Al mismo tiempo...

¡Cuídate, grumetillo!

Si Hernández y Fernández hacen bien lo que tienen que hacer, todo irá sobre ruedas.

Desde la colina, los espías vigilan la casa.

Dile al jefe que aún siguen ahí. Están dando vueltas como si fuesen trompos...

¡Puaf! Este oficio tiene cosas muy a ras de tierra...

¡Puaf! Yo aún diría más: y la cosa no rueda sola...

Es imposible llamar a la policía desde la casa.

Allí hay una granja. Con tal que haya alguien...

¡Abran, por favor! Tan sólo quisiera dar un telefonazo!

Yo no entiendo nada. Y si usted me va a pegar un porrazo...

TOC TOC

... yo le arreo un fogonazo.

No es muy hospitalario este granjero.

BANG

Todavía está ahí el vagabundo, Ladislao.

Sí. Voy a telefonear a la Gendarmaskaia.

¿Oiga? ¿Oiga? ¿Es la Gendarmaskaia? ¿Oiga? ¿Oiga?

Pero no muy lejos del lugar...

¿Oiga? ¿Oiga? ¡Por Ottokar! ¡El teléfono kaputt!

Han saboteado las líneas, estoy seguro. Vamos, Milú.

Poco después, Tintín y Milú alcanzan la carretera de Klow.

¡Un coche! ¡Estamos salvados, Milú!

¡Eh! ¡Alto! ¡Claro..., no podía ocurrir de otro modo!

¡La signora Castafiore!

¡Tintín! ¿Qué haces aquí, solo, en medio de la carretera, en este país perdido?

Señora Castafiore, ¡ayúdeme! Debo encontrar un puesto de policía cuanto antes.

Entonces sube y adelante...

Muy pronto nuestros amigos entran en la ciudad. Por prudencia, Tintín aconseja aparcar el coche en una callejuela cerca de la Comisaría.

Lo primero es asegurarse de que el camino está libre...

Me lo temía. Dos hombres guardan la entrada. No dejarán que me acerque.

¿Qué hacer? ¡Y no hay más remedio que pasar! Espera, tengo una idea. El señor Wagner, mi acompañante, te sacará de apuros.

Y un momento después...

Esa silueta... Ese perro... ¡Es él! ¡Ven, Bordak, sigámosle!

Esos bandidos se han dejado engañar por el disfraz del señor Wagner. ¡Ahora puedes ir para allá, "caro mio"!

Tintín se hace introducir en el despacho del comandante, quien le escucha atentamente.

Nuestras investigaciones demuestran que todas las pistas conducen al lago.

Pero la mitad de las aguas se encuentran en territorio de Borduria, lo que es una lástima...

Ya veo: complicaciones diplomáticas en perspectiva... Comandante, dadme carta blanca y vuestro apoyo. He aquí lo que voy a hacer...

LAGO DE FLECHIZAFF

Mi amigo, el profesor Tornasol, construyó hace tiempo un submarino de bolsillo que nos sirvió para buscar un tesoro sumergido...

Dos días después, en el antro del "Gran Tiburón".

Patrón, un camión se dirige hacia "Villa Sprok". ¿Lo paramos?

¡No, no! Que pase. Sin duda será para Tornasol... que trabaja para nosotros... ¡Je, je!

En la villa están preocupados por lo que pueda haberle sucedido a Tintín.

Pero ¿qué le habrá pasado, ¡rayos y truenos!?

Seguimos sin noticias.

Pues si no hay noticias, son buenas noticias.

¡Capitán, venga a ver!

Es Silvestre quien me llama...

Ese camión... ¿Qué será

¡Cucú! ¡Soy yo!

¡Rayos y truenos, es Tintín!

¡Con mi submarino!

Tintín expone su plan: para salvar a Niko y a Nuchka, acudirá a la cita de los bandidos. El capitán le seguirá discretamente a bordo del submarino.

Ha llegado la hora de la partida.

¿Todo a punto, profesor?

¡No, no! ¡Todo está a punto! Es el modelo reducido de mi máquina.

Provisto del aparato, Tintín se dirige al lugar de la cita.

No tardarán en llegar... ¿Y de dónde vendrán?

Está ahí. Solo...

¿Oiga? ¿Oiga? Llamando al Gran Tiburón... Tintín ha acudido a la cita. Embarque inminente. Corto.

¡Un submarino! ¡Lo que yo pensaba!

Con Tintín a bordo, el submarino se hunde en las profundidades del lago.

Pero en una caleta, no lejos de allí...

¿Comprendido?... Volveré en cuanto haya encontrado su madriguera. ¡Aguardadme aquí!

¡Avante toda!

Encuentro sus órdenes un poco... ejem... ¿cómo te diría yo?

Sí... secas...

El capitán sigue al submarino misterioso procurando no ser descubierto. Pero el artefacto desaparece en las ruinas de un pueblo sumergido.

¡Mil rayos! ¿Dónde está ese pirata? Claro que aquí no faltan escondites...

El ''pirata'' ha llegado por fin a su destino...

¡Magnífica instalación! Se ve que los negocios de estos señores van viento en popa... por ahora.

Tintín es conducido a la sala de mandos, donde le espera un personaje repantigado en un gran sillón.

¡Así que ya estás aquí, mi querido Tintín!

¡¡USTED!!

¡RASTAPOPULOS!

¡Naturalmente! ¡Siempre yo! ¡Y más vivito que nunca, muchacho!

Ese es el famoso aparato para copiar los objetos... ¡Magnífico! Déjalo sobre esta bandeja, amigo.

Ya tiene el aparato... ¿Dónde están los niños?

¡Ah, sí! Esos simpáticos pequeños. ¡Ve a buscarlos, Ralph!

Pero entre tanto...

Me parece que he encontrado la manera de salir de aquí. Oye lo que vamos a hacer...

①

¡Oh! ¡Pero si es oro!

③

②

¡Pero!...

④

¡Ya está! ¡Ya es mío, Nuchka! ¡Las llaves! ¡De prisa!

¡Suéltame ya, chiquillo del diablo!

Como quiera... ¡Hop!

¡La puerta ya está abierta! ¡Huyamos!

¡PLAAF!

¡Pero!... ¡Pero!... ¡DETENEOS!

¡Van a alcanzarnos!

Tengo una idea. Ayúdame a volcar estos barriles de aceite.

El contenido se extiende por el suelo, y los dos perseguidores efectúan unos extraños pasos de baile.

¿Qué ocurre? ¿Qué es esto?

¡Alerta!

¡Cerrad todas las salidas!

¡La puerta se cierra!

¡Oh! ¡Mira!

CLAC

¡Parece un tanque!

¡Niko! ¡Que vienen!

Escondámonos en este trasto.

Les he visto entrar en el hangar del anfibio... ¡Ja! ¡Ja! Les hemos cazado como a ratones.

¡Canastos! ¡Han puesto el tanque submarino en marcha! ¡Cuidado!

¡AY! ¡Y viene hacia nosotros!

¡Se han vuelto locos!

TAC TAC TAC TAC

¡AAAH! ¡El cristal del tragaluz se raja!

¡Horror! ¡Va a ceder!

CRRR

¡El cristal del tragaluz se ha resquebrajado! ¡Cerrad las compuertas! ¡De prisa!

Y con un crujido siniestro, el cristal salta hecho pedazos. El agua se precipita en la sala. Niko, bien que mal, conduce el tanque anfibio fuera del antro...

Sí, jefe, con el anfibio... por el tragaluz, el tragaluz irrompible. Sí, lo han roto.

¡Pandilla de imbéciles! ¡Voy a ocuparme personalmente de esos tunantes!

Desde la sala de mandos, Rastapópulos sigue las evoluciones del tanque submarino.

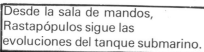

Mira, Nuchka, estamos en el pueblecito del valle que inundaron para hacer el lago.

¿Qué pasa? Los mandos del tanque no obedecen. Y hemos dado media vuelta. Parece como si fuese conducido a distancia.

¡Tengo miedo, Niko!

¡Ja! ¡Ja! ¡Ja! ¡Rastapópulos siempre es quien dice la última palabra, niños! ¡Venga, hop, para casa!

¡Caramba! ¿De dónde sale ése ahora?

El capitán Haddock, saliendo de una bocacalle, por poco se carga el tanque.

¿Y la prioridad, qué? ¡Rayos y truenos! ¡Naufragadores!

¡Es el capitán Haddock! ¡Capitán, somos nosotros!

¡Aaaaghrrr! Unas cuantas salvas van a ponerle fuera de combate. Cuatro, tres, dos...

¡No haga usted eso!

¡Jc! ¡Jc! ¡jc! ¡Como si yo tuviera manías! ¡La ocasión de liquidar a ese capitán de cabotaje es demasiado bonita!

¡Si será bruto!

Inesperadamente, Tintín agarra al ayudante por un brazo y lo lanza por encima de sus hombros.

El bandido cae sin ninguna dulzura sobre el tablero de mandos.

Un intenso chisporroteo ilumina la sala de mandos. Y de repente desaparecen de las pantallas de TV toda clase de imágenes.

Los ingeniosos inventos que constituían las grandes comodidades del Gran Tiburón se disparan súbitamente y sin control.

Un gángster apunta con su pistola a Tintín, pero...

¡HOP!

¡AY!

El arma cae también sobre el tablero de los mandos...

... que provocan automáticamente el lanzamiento de torpedos del tanque submarino.

¡Es terrible! ¡Y somos nosotros quienes disparamos sobre el capitán!

¡Pero si esos bachibazucs me están cañoneando!

Hay que parar este tiroteo inmediatamente, sea como sea.

Uno de los torpedos da de lleno en una estatua y descabalga a un general glorioso.

¡Me van a abollar la carrocería, canastos!

Entre tanto, en la guarida de Rastapópulos...

¡Ya es nuestro, jefe!

¡Soltadme!

Todo vuelve ya a estar en orden. ¡Es preciso que localice de nuevo a ese maldito submarino!

¡Ah! ¡Aquí está! Ahora dirijamos el ataque...
¡A...a...así! Ya lo tengo a tiro... ¡Fuego!

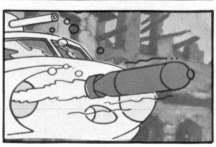

Escondámonos entre las ruinas. Es la única manera de escapar a su campo de tiro.

¡Demasiado tarde!

¡Qué horror! ¡El submarino ha sido alcanzado! ¡Y no puedo parar esos malditos lanzatorpedos!

Desamparado del todo, el submarino se hunde en las profundidades del lago.

¡Hurra! ¡El barbudo ya está fuera de combate! Y ahora, vayamos por los simpáticos pequeños.

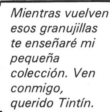

Ahí están. Bueno, voy a guiarles hasta la base. ¡Ja, ja, ja! El recreo se ha terminado.

Mientras vuelven esos granujillas te enseñaré mi pequeña colección. Ven conmigo, querido Tintín.

Y encuadrado por los "gorilas" de Rastapópulos, Tintín es introducido en una inmensa sala.

¿Qué te parece? Y aquí sólo hay piezas auténticas, naturalmente, de las que el aparato del profesor Tornasol...

...va a hacer millares de otras piezas auténticas. ¡Ja! ¡Ja! ¡Ja!

La ambición va a perderle, Rastapópulos.

Y a ti lo que te va a perder es la candidez. ¡Lleváoslo! ¡Ya sabéis dónde!

En aquel momento, el tanque submarino, teledirigido, entra en su hangar.

¡Ah! ¡Hemos fracasado!

¡Y el pobre capitán Haddock! ¿Qué dirá Tintín?

Mientras tanto...

¡Patrón! Las fierecillas han sido recuperadas.

Luego nos ocuparemos de ellos. Ahora voy a ensayar este maravilloso aparato.

Empecemos por un objeto sencillo: por ejemplo, esta caja de cigarrillos... La coloco aquí... Al otro lado, un trozo de la pasta especial...

Rastapópulos aprieta un botón. Los rayos entran en acción.

¡Ja! ¡Ja! ¡Ja! ¡Magnífico! ¡Esto es perfecto!

¡Eh! La imitación parece más voluminosa...

¡No, hombre, no! ¡Vaya!

¡PERO!... ¡PERO!...

¡La caja se hace cada vez más grande! ¡Es monstruoso!

¡Esto es cosa de brujería!

¡La puerta de salida ha quedado bloqueada!

¡Esta pasta diabólica se nos va a tragar a todos!

¡EEEEH!

¡SOCORRO!

¡BUUM!

¡NOOOO!

¡AAAAH!

¡OOOOH!

¡CLOP!

Mientras tanto...

Se terminó el juego, niños. El jefe va a ocuparse ahora de vosotros. ¡Ja! ¡Ja! No quisiera yo estar en vuestro lugar...

27

¿Qué dices? ¿La policía? ¿Dónde?

¡Arriba, jefe! ¡Lanchas de la policía cruzan el lago!

¡Mil millones de demonios!

¡Ja! ¡Ja! ¡El fin de los tiburones del lago se acerca!

¡A Rástapópulos no se le atrapa tan fácilmente! Todavía me queda tiempo suficiente para escurrirme por entre las mallas de la red. Pero antes os reservo una pequeña sorpresa...

Rastapópulos corre hacia su tablero de control, aprieta fuertemente un botón...

... y vuelve al sótano...

¿Veis esas compuertas de ahí arriba? Las he abierto y...

... dentro de una hora el nivel del agua...

... llegará a ese dispositivo y... ¡BUUM!

¡Ja! ¡Ja! ¡Ja! ¡Y yo ya estaré lejos!

Las órdenes de Rastapópulos son ejecutadas al momento. Los hombres-rana entran en acción, llevándose de la madriguera el precioso cargamento.

Pero no muy lejos de allí...

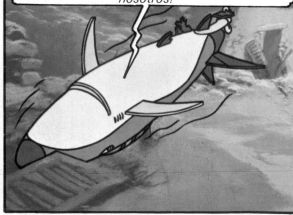

Voy a intentarlo otra vez.

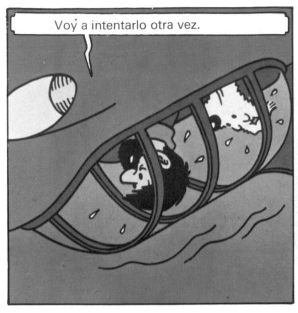

El capitán acciona desesperadamente el motor de arranque. La hélice, atascada por el timón estropeado, vibra violentamente pero permanece inmóvil.

Súbitamente, la plancha torcida se suelta y la hélice se pone en movimiento...

¡Hurra! ¡Ya subimos! Patas arriba, pero no importa.

¿Quiénes son esos dos energúmenos, ¡rayos y truenos!?... ¡Apartaos, sapos de Carnaval!

¡EH!

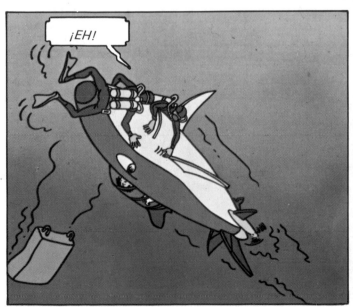

Mientras tanto...

¿Nada nuevo, Hernández?

Nada nuevo, Fernández. Ni la menor huella del capitán. Se lo han tragado las aguas.

¡Calla! Veo como una sombra. ¡Y sube!

¡Ten cuidado! A lo mejor es una ballena...

¡AAAH!

¡Es el submarino del profesor Tornasol! Pero ¿dónde está la cabina? ¡Esos bandidos la han desmontado!

Yo aún diría más: ¡La han desmontado esos bandidos!

¡Capitán! ¿De dónde viene?

¡Aaah! Un poco de aire... Creí que nunca conseguiría salir de ese cascarón, ¡rayos y truenos!

¡Miren! ¡Una lancha que viene en nuestro auxilio!

¡Policía fluvial sildava! ¿Quién de ustedes es el capitán Haddock?

¡Soy yo! ¡Yo sé dónde está Tintín!

Tintín, Niko y Nuchka son prisioneros de los tiburones del lago. Esos bandidos tienen una guarida escondida en el pueblo sumergido... Para libertar a los niños hacen falta hombres-rana. Pero hay que apresurarse, ¡rayos y truenos!

De acuerdo. ¡Piotr, da la señal de alerta! ¡Igor, ayuda a esa gente a subir a bordo!

Mientras tanto...

¡Uff! ¡No hay modo de romper estas cadenas!

Intentemos arrancar la tubería.

En el mismo instante, en la sala de mandos de Rastapópulos...

¡Ya está, patrón! Nuestros hombres han evacuado los objetos de arte. Ya es hora de que usted también se vaya. Hay señales de que la policía está preparando algo...

¡Bueno! En seguida voy. El tiempo de cambiarme de ropa.

Todas las com-puertas de la base han sido abiertas.

¡El submarino está listo para zarpar, jefe!

La esclusa se llena de agua. Se abre la puerta y el submarino desaparece en lo profundo del lago.

¡Un esfuerzo, amigos! ¡Tirad más fuerte!

¡Hurra! ¡Ya estás libre, Tintín!

Sí, pero salgamos de aquí antes de que todo esto estalle...

CRAC

¡De prisa! ¡Estoy seguro de que Rastapópulos no exageraba!

¡La puerta está cerrada, claro! ¡Y hay que salir de esta ratonera a toda costa! ¡Todo puede volar de un momento a otro!

Mientras tanto, en el submarino de Rastapópulos...

¡Ja! ¡Ja! Tan sólo unos minutos y ese querido Tintín va a recibir unos cuantos centenares de toneladas de agua sobre su mechoncito...

Nuchka, dame esa horquilla.

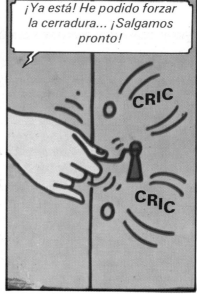

¡Ya está! He podido forzar la cerradura... ¡Salgamos pronto!

CRIC

CRIC

Ahí, cerca de ese estanque por el que el submarino me ha conducido a la base, hay una esclusa.

Por aquí podremos salir y alcanzar la superficie del lago.

¡No lo conseguiremos nunca, Tintín!

¡Ahí está la esclusa! Poneos estos salvavidas y entremos.

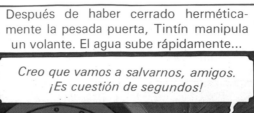

Después de haber cerrado herméticamente la pesada puerta, Tintín manipula un volante. El agua sube rápidamente...

Creo que vamos a salvarnos, amigos. ¡Es cuestión de segundos!

¡Llenad bien de aire los pulmones! ¡Voy a abrir la esclusa!

En el mismo instante...

TIC

Una terrible explosión sacude la base secreta hasta el último de sus rincones...

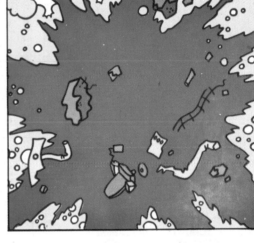

Un enorme géiser se eleva hacia el cielo...

¡¡¡TINTIN!!!

BRUUUUUM

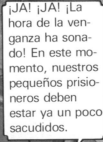

¡JA! ¡JA! ¡La hora de la venganza ha sonado! En este momento, nuestros pequeños prisioneros deben estar ya un poco sacudidos.

¡¡EH!!

¡Eh! ¿Qué ha sido esto?

¡Es por la explosión, jefe! Pero he podido enderezar el submarino. ¡Todo va bien!

El lago está agitado como si de pronto hubiera estallado una tempestad. De repente surgen de entre las olas tres cabezas...

¡Mirad! ¡Tintín! ¡Niko! ¡Nuchka! ¡Están vivos! ¡Pronto! ¡Una canoa!

¡Animo, amigos! ¡Voy con vosotros! ¡El capitán Haddock está aquí, rayos y truenos!...

Una segunda explosión, más terrible todavía, conmueve la masa de las aguas...

BRUUUUUM

Ante nuestros aterrorizados amigos se levanta como un muro una ola monstruosa...

... que se los lleva...

En medio de un ruido ensordecedor, cae encima de la lancha de la policía...

Durante unos segundos interminables, la embarcación queda a merced del enorme torbellino. Cuando por fin vuelve la calma, la canoa de los policías aparece milagrosamente...

¡Mil millones de rayos y truenos!

¡Vaya una ducha, amigos!

Yo aún diría más: ¡vaya una trucha!

¡Niko! ¿Dónde está Niko?

¡Estoy aquí! ¡Y ahí está Tintín!

¿No os habéis roto nada, chicos?

¡Eh! ¡Ayudadnos a abrir la puerta! Está atascada.

¡Esa es la voz del comandante!

¡Atención! Todos a una...

CRAC

¿Y Rastapópulos y su pandilla?

¿Rastapópulos? ¿Conque era él? Desgraciadamente, todavía no le hemos pescado...

En cuanto a su pandilla, ya es otra cosa. Nuestras patrullas han pescado unos cuantos de esos "tiburones", y los demás han sido detenidos en el momento en que trataban de esconder su botín en una gruta, cerca del lago.

¡Comandante! Un mensaje de radio...

¡Rastapópulos ha huido! ¡El submarino ha sido localizado muy cerca de la costa de Borduria!

Lo siento. Ahí, oficialmente, yo no puedo hacer nada...

¿Cómo? ¿Es que vamos a dejar escapar a ese extracto concentrado de serpiente de cascabel, ¡rayos y truenos!?

¡Ni pensarlo! Nosotros no somos sildavos. Préstennos una canoa rápida, comandante.

De acuerdo.

Y poco después...

¡Soltad las amarras!

¡Marramos las soltarras!

¡Adelante!

¡Buena suerte!

¡Eh! ¡Esperen!

¡No corran tanto!

¡OH! ¡DETENGANSE!

¡DETENGANSE! ¡DETENGANSE!

¡AAAAH! ¡Esa roca!

¡AAAY!

¡OOOH!

CATACRAC-CRAC-CROC

TAC-CATACRAC-TA[C]

¿Oyes, Tintín? Este motor hace un ruido muy raro.

¡Espero que no tengamos una avería ahora!

CHAF

¡SOCORRO!

¡PAREN!

¡Anda! ¡Hernández y Fernández haciendo esquí náutico!...

¿QUE?

¿Esquí náutico? ¡Mil millones de rayos y truenos!

Tintín da media vuelta y acude en socorro de los involuntarios esquiadores.

¡Venga, suban!

¡De ninguna manera! ¡El deber ante todo! Continúen. Nosotros ya nos las arreglaremos.

Mientras los policías nadan hacia la playa, Tintín, y el capitán continúan a la caza del Gran Tiburón.

Se trata de no fallar cuando salga a la superficie ese pirata.

Mientras tanto...

¡Esa es la costa de Borduria! Evitemos los puestos fronterizos y vayamos directos a las rocas del Tridente...

¡No se puede pasar por allí, jefe: todo son arrecifes!...

Ya lo sé que hay arrecifes, pero pasaremos por debajo. Lo tengo todo calculado de antemano. ¡Vamos allá!

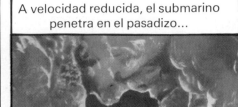

A velocidad reducida, el submarino penetra en el pasadizo...

¡Vaya! Me parece que he olvidado algo. Pero ¿qué?

¡EL PERISCOPIO! ¡He olvidado bajar el periscopio

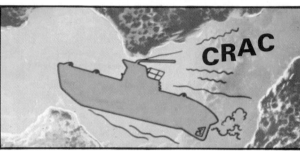

CRAC

BANG

¡Ah! ¡El casco está agujereado! ¡De prisa! ¡A superficie!

Mientras tanto...

Nada todavía... Sí... Allá abajo, del otro lado de los arrecifes... ¡Una mancha de aceite!

¡Es el submarino! ¡Debe de tener avería!

¡Va a embarrancar en la playa! ¡De prisa, Tintín, antes de que se nos escapen!

En el submarino de Rastapópulos, la atmósfera es muy tensa...

¡Ha sido culpa tuya, imbécil! ¿No podías haberme dicho antes lo del periscopio?

Pero, jefe, si ha sido usted quien...

¡Cállate la boca! Eres un incapaz. No sirves para nada. ¡Quedas despedido!

CRAC

¿Y ahora esto qué es?

¡Hurra! ¡Han embarrancado! ¡Ya son nuestros!

¡Ah! Conque me despide, ¿eh? ¡Pues bien, ya se arreglará usted solo! ¡Yo me voy!

¡Al abordaje, rayos y truenos!

¡Arriba las manos!

¡AAAH!

¡Oh, jefe! ¡So... so... socorro! ¡Un fantasma!

¿¡Un fantasma!?...

¡El... el... fantasma... dé Tin... Tin... Tintín!

¡Tintín! Así, ¿has escapado de la catástrofe?

¡Sí, Gran Tiburón! ¡Venga, salgan los dos de ahí!

¡Todavía no me tienes!

¡EH!

¡No vas a salir de ésta fácilmente, canalla!

¡Maldición! ¡El barbudo! ¡También vivo!

Rastapópulos y su ayudante son atados y metidos en la canoa...

La embarcación, conducida por Tintín, encuentra a mitad del lago una lancha de la policía sildava, que recoge a todos los pasajeros y los conduce a "Villa Sprok". El comisario, los niños, Hernández y Fernández, el profesor Tornasol y los perros Sultán y Milú les esperan...

¡Viva Tintín! ¡Viva el capitán!

¡Guau! ¡Guau!

Los dos bandidos son conducidos hacia Klow, donde se reúnen con sus acólitos ya presos.

Sildavia os ha de estar muy agradecida, Tintín. ¡Muchas gracias!

¡Guau! Grr

Libre ya de ese bandido, por fin podré trabajar en paz y perfeccionar mi aparato de fotocopiar en tres dimensiones.

¡Ah! Entonces le pediré que me reproduzca unos cuantos vasos de whisky bien llenitos, profesor.

Aquí viene la gente del país. Quieren dedicaros una gran fiesta en agradecimiento.

Se ve que por aquí las noticias corren muy de prisa...

¡Rayos y truenos! ¡Si viene gente de todas partes!

¡Venga a bailar la bluchtika!

¿La bluchtika? ¡Pero si yo no conozco esos bailes modernos!

¡Ven, Tintín! Te enseñaremos cómo se baila. ¡Es muy fácil!

¡¡¡AAAAH!!!

¡AAAAH! ME RIO...

¡Vaya! ¡Aquí tenemos al ruiseñor de Milán!

... DE VERME...

GLUB

BLUB

... TAN BE-E-LLA...

¿Qué es eso? ¿Trompetas de caballería?

... EN ESTE...

¡Sálvese quien pueda! ¡Mil millones de rayos y truenos! La Castafiore!

... ESPEJO...

Querido capitán Klopstock, estoy muy contenta de volverles a encontrar a todos sanos y salvos. ¡Venga, querido, venga a bailar conmigo!

¡BLUCHTIKA!

¡BLUCHTIKA!

¡BLUCHTIKA!

Yo aún diría más: ¡BLUCHTIKA!

GUAU *

* FIN